비혼주의자
마리아

IVP(InterVarsity Press)는
캠퍼스와 세상 속의 하나님 나라 운동을 지향하는
IVF(InterVarsity Christian Fellowship)의 출판부로
생각하는 그리스도인을 위한 문서 운동을 실천합니다.

비혼주의자 마리아

글 그림 안정혜

Ivp

일러두기
본 만화에 등장하는 인명, 상호 등은 실제가 아닌 허구임을 밝힙니다.

차례

작가의 글   7
주요 등장인물   12

1화   결혼 승낙   14
2화   바울은 여혐 분자?   44
3화   피해자 여성, 보호자 남성?   74
4화   그루밍 성범죄의 단계   110
5화   질서인가, 저주인가   146
6화   두 번째 피해자   180
7화   돕는 배필의 진짜 의미   212
8화   아버지 트라이앵글   242
9화   남자도 여자도 없습니다   276

주   314

작가의 글

처음 이 만화의 기획과 작업 제안을 받았을 때, 지금 와서 고백하건대 깊이 고민하지 않고 수락했다. 당시 육아로 단절된 작가 경력을 계속 이어가기 위해 뭐든 할 준비가 되어 있었기 때문이다. 페미니즘이 뭔지도 몰랐지만 일단 수락하고 본 이 결정이 내 인생의 큰 전환점이 될 거라곤 생각도 하지 못했다.

강남역 살인 사건을 뉴스로 보고, 페미니즘이 우리 사회의 이슈가 되는 걸 보면서도, 인터넷에 떠도는 래디컬 페미니스트의 말들에 '어떻게 여자가 저렇게 험한 말을…?' 하며 거부감이 먼저 든 것이 사실이다. 남성 중심의 가부장적 사회 안에서 남자는 여자보다 권위 있는 존재이고, 그것이 창조의 질서라고 철저하게 교육받고 철썩같이 믿으며 온순하게 자라 온 나였다. 그렇기에 나 자신이 여성임에도 불구하고 여성보다 남성에게 감정 이입하는 것이 더 쉬웠다. 내 안에 축적된 남성적 시선 탓에 나 스스로 여성 혐오를 하고 있다는 사실조차

인지하지 못할 정도였으니, 강남역 살인 사건을 여성 혐오 살인이라고 분명히 느끼면서도 같은 여성으로서 연대하며 안타까워하기보다 방관자처럼 굴 수 있었던 것이다.

그런 내가 이 작품에 처음부터 몰입하기란 쉽지 않았다. 기독교에 페미니즘이 왜 필요한가 자문해 보아도 도무지 그 필요성을 찾기 힘들었다. 페미니즘의 역사와 연구 자료 등을 살피다가 이게 아니다 싶었다. 내가 여성임에도 불구하고 여성 인권에 대해 이다지도 불타오르지 않는 이유를 돌아보는 게 먼저였다.

가장 먼저, 내 안에 감춰져 있던 불편한 감정을 마주해야 했다. 분노. 부당하다는 생각이 들어도 '여자니까 감수해야지', '어쩔 수 없어, 이게 맞는 거야'라고 스스로 체념해 버렸던 순간, 나를 지켜 주는 남자들에게 미움받지 않기 위해 나 스스로를 깎아내렸던 순간에 올라오던 분노. 그 분노의 감정을 나는 외면하고 꼭꼭 눌러 담아 버려서 없는 것처럼 여기고 살았다.

내 인생임에도 내가 외면했던, 여성으로서 겪었던 분노의 경험들을 꺼내서 마주보기 시작하자, 기억들이 지뢰처럼 터져나왔다. 3남매 중 장녀로 태어나 어릴 때부터 들어 온 성차별적 발언들, 교회에서 겪은 성차별, 눈물 흘리며 혼자 삭여야 했던 성추행들과 데이트 폭력, 그리고 결혼하고 아내로서, 며느리로서, 한 아이의 엄마로서 경험한 일들이 마구 쏟아졌다. 그날 밤 나는 뒤늦게 깨달았다. 나의 아픔에 내가 이토록 무지했었구나. 나라는 개인이 속속들이 묵살당했었구나. 너무나 놀라고 끔찍이 아팠다.

자연스레 교회에서 함께 자라 온 다른 여성들은 어떨까 하는 생각이 들었다. 팟캐스트와 뉴스, 소셜 미디어 등을 찾아보면서 내가 경험한 사건들이 단지 누군가가 당한 특별한 일들이 아님을 알았다. 생각보다 많은 여성들이 교회 안에서 성차별적 발언을 들었고, 성범죄를 당했다. 그들 또한 그런 일들을 자신의 잘못으로 돌리며 입 다문 채 고통스러워하고 있었다. 그리고 교회는 외면하고 있었다. 숨어 있던 목소리들이 팟캐스트와 트위터라는 익명성이 보장된 음지에서, 관심을 갖지 않으면 결코 들을 수 없는 곳에서 외쳐지고 있었다.

내가 외면했던 내 안의 목소리들, 내가 외면했던 여성들의 목소리들을 더 이상 외면할 수 없었다. 외면해선 안 되었다. 내가 알고 있는 예수님은 모두가 외면했던 병자와 약자들과 함께하신 분이다. 그런 예수님을 따르겠다고 하면서 나는 얼마나 여성들의 신음소리를 외면한 채 살았던가. 나는 회개하는 심정으로, 더 이상 외면하지 않겠다는 다짐으로 『비혼주의자 마리아』를 그렸다.

연재를 시작하면서 가장 어려웠던 점은, 매주 돌아오는 마감의 압박도 아니고 막혀 버린 스토리도 아닌, 나도 모르게 30년 이상 젖어 있었던 내 안의 여성 혐오적 시선이었다. 가스 데이비스 감독의 영화 〈막달라 마리아: 부활의 증인〉에서 나사로를 살리시던 예수님의 모습을 기억하는가. 흔히 치유를 행하시는 예수님을 묘사할 때, 자리에 서서 손을 뻗어 병자를 내려다보는 장엄한 모습으로 그리는데, 이 영화는 달랐다. 예수님을 연기한 배우는 나사로 옆에 누워 그와 눈을 맞추었다. 그리고 나사로의 고통이 그에게 전가된 듯 아파했다. 그

장면이 오랫동안 뇌리에서 떠나지 않았는데, 내 안의 혐오적 시선을 마주할 때마다 그 장면이 떠올랐다. 진짜 위로는 그 사람 곁에서 함께 아파하는 것이었다.

『비혼주의자 마리아』를 그렇게 그리고 싶었다. 피해자를 내려다보며 관음적으로, 자극적으로 그리고 싶지 않았다. 어쭙잖은 답을 주기보다 그들 옆에 누워서 그들이 바라보는 걸 같이 바라보고 싶었다. 성차별적 신학이 정당화된 교회 안에서 남성들에게 권위가 집중되어 있는 현실이, 정말 성경이 말하는 바가 맞는지 알게 된다면 더욱 좋겠다고 생각했다.

나의 이런 바람이 이 만화에 잘 담겼는지는 독자들만이 아실 것이다. 연재하는 내내 인스타그램 댓글과 트위터 등에서 보여 주신 독자들의 감상과 응원이 완결까지 달려가는 데 큰 힘이 되어 주었다. 이 만화는 교회 안에서 벌어지는 성차별을 그렸지만, 억압받고 차별받는 여성들은 교회 밖에도 많아서인지, 교회를 다니지 않는 많은 독자들도 함께 고민하며 보고 있다고 응원해 주었다. 그래서 내게는 이 만화가 더욱 뜻깊다. 이 자리를 빌려 독자들께 진심으로 감사를 드린다.

이 만화로 인해 가장 많이 변한 사람은 작가인 나 자신이다. 그렇기에 이 만화를 기획하고 멋지게 책으로 엮어 준 IVP 이종연 간사님과 출판사 관계자분들께 진심으로 감사를 드린다. 또한 초기 기획 단계에서 헤매고 있을 때, 기꺼이 인터뷰에 응해 준 '믿는 페미'에도 감사를 드린다. 함께 기독교 웹툰이라는 오지를 개척하고 있는 에끌툰 작가들에게도 응원과 감사를 드린다. 끝으로 육아와 육묘를 담당해 주고, 마감을 위해 함께 깊은 밤을 지새워 준 동료 작가이자 남편인 김민석 작가에게 감사 인사를 전한다.

여성은 남성 없이는 아무것도 아니라는 메시지를 이 세상은 너무나 오랫동안 말해 왔다. 결혼하지 않은 여성을 히스테릭하게 묘사하거나 여성이 수렁에 빠졌을 때 반드시 키다리 아저씨 같은 남성을 등장시켜서 여성은 남성 없이는 자립이 불가능한 것이 정상이라는 메시지를 전하면서. 그러나 자신의 삶을 진지하게 바라보며 개척해 나가는 사람은 누구라도 아름답다. 그 길이 비록 꽃길이 아닌 진흙탕일지라도, 깊은 바다에 잠겨 숨 막히는 듯한 삶을 겨우 살고 있을지라도 말이다. 어느 자리에서든, 그곳에서 하루하루 기필코 자기 자신의 삶을 살아 내고 있는 모든 여성들을 진심으로 응원한다.

2019년 여름
안정혜

주요 등장인물

권마리아
미모도 뛰어나고 공부도 잘해 엄마 아빠가 가장 자랑하는 딸이지만, 파혼 후 돌연 비혼을 선언한 뒤로는 집안의 애물단지로 전락해 버렸다. 그다지 붙임성 있는 성격은 아니나 잔정이 많고 의리가 있다. 본가에서 나온 뒤로 동생인 한나와는 평소에 연락도 잘 안 하다가, 한나의 결혼 문제로 자주 만나게 되면서 생각지 않게 비밀을 털어놓게 된다. 개발자로 일하고 있다.

권한나
언니 마리아의 그림자에 가려서 소심한 성격으로 자랐다. 전형적인 모태신앙인. 교회에서 가르치는 대로 별 고민 없이 살아오다가 언니의 비혼 문제로 자신의 결혼 계획에 차질이 생기자 언니를 결혼시키기 위해 독서 모임에 오라고 꼬드기기 시작한다. 그러다 언니의 비밀을 알게 되고 가치관의 큰 변화를 겪는다.

이민준
한나와 결혼을 약속한 사이. 독서 모임에서 한나를 만나 교제를 시작했다. 경상도 출신이라 사투리 억양이 세다. 마음이 여리고 우유부단한 성격이라 이리저리 휘둘린다.

김파도
독서 모임의 리더이지만 말이 리더이지 중재자 같은 느낌으로 독서 모임을 편안하게 이끌어 간다. 자기만의 세계에 빠져 있어서 과장되게 행동하는 게 특징이다.

김점순
전도사. 교회의 역사나 신학 지식을 많이 알고 있어서 독서 모임의 실질적 리더 역할을 한다. 어릴 때 교회 목사에게 그루밍 성범죄를 당한 적이 있다.

고은아
웹툰 작가. 교회와 페미니즘이라는 주제에 관심이 많다. 바울이 여성 혐오자라고 생각한다. 다혈질에 학구적이지만 어벙한 면도 있다. 독서 모임에서 상혁과 의견 충돌을 자주 일으킨다.

지상혁
다혈질에 자기주장이 강하다. 바울이 여혐이라는 주장에 반박하며 은아와 자주 부딪힌다. 독서 모임을 통해 만난 마리아 때문에 어떤 사건에 휘말리게 된다.

윤민후
권마리아의 전 남친이자 결혼을 약속했던 사이. 강남의 한 대형교회 담임목사이고 교계에서는 나름 유명하다.

1화
결혼 승낙

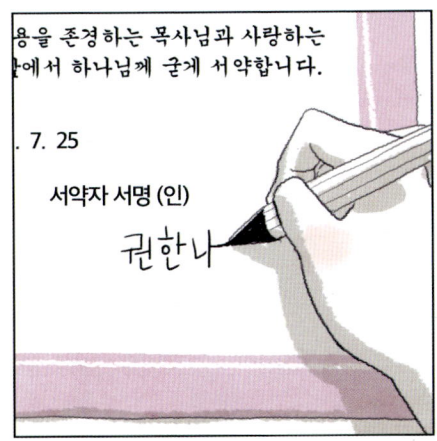

2화
바울은 여혐 분자?

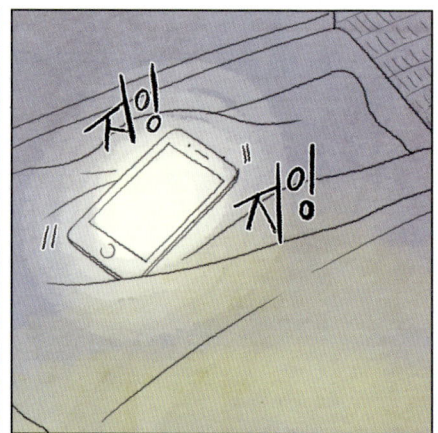

3화

피해자 여성, 보호자 남성?

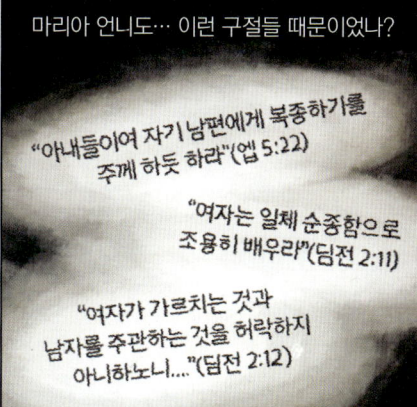

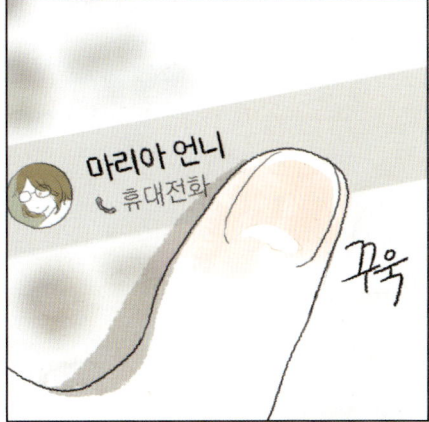

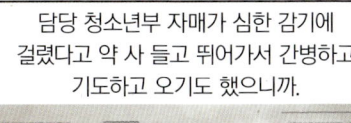

대학생 남자 친구로부터 데이트 폭력을 당하던 진아 자매를 정기적으로 상담해 주고

지방에서 올라와 자취하던 탓에 도움이 많이 필요했던 슬아 자매를 자주 챙겨 주고,

그러다 보니 당연히 학생들은 윤 목사를 잘 따르고 좋아하게 됐지.

그래서 당시에 윤 목사가 이런 얘기를 자주 했었어.

하나님께서 나를 통해 일하신다… 그런 걸 피부로 느껴.

어려운 자매들이 회복되고 밝아지는 걸 보면 너무 감격스럽고.

학생들과 개인적으로 너무 친한 건 좀 위험하지 않나… 그런 의문이 들긴 했는데…

4화
그루밍 성범죄의 단계

윤 목사가 카페에서 나가고 얼마 안 돼서

바깥에서 윤 목사가 어떤 학생이랑 실랑이 중인 게 보였어.

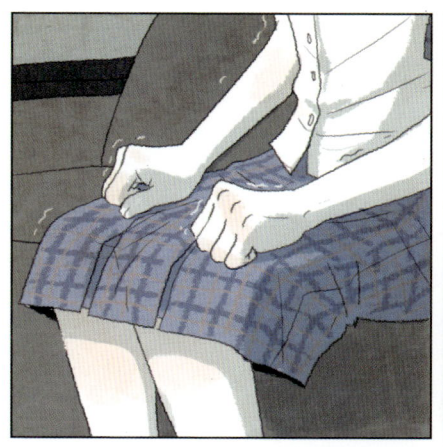

윤 전도사가 사과할 마음이 없다는 것.

담임 목사도, 교단도 윤 전도사를 처벌할 수 없다는 것까지 확인한 슬아 자매는

교회를 떠났어.

아니, 기독교를 떠났어.

난 나중에야 그 얘기들을 전해 듣고는…

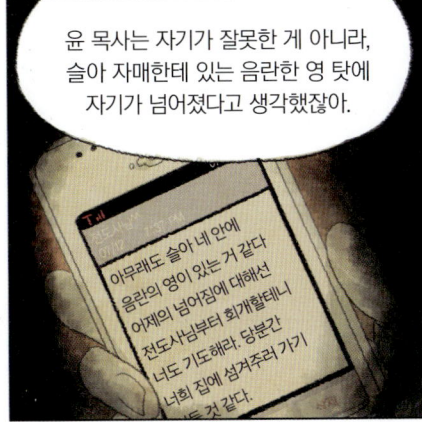

그날 어떻게 집까지 들어갔는지 기억이 없다.

아빠 말로는 마리아 언니가 잠든 나를 집까지 업고 왔고

마침 깨어 있던 아빠는 오랜만에 언니와 잠시 이야기를 나눴다고 한다.

한나 너 무슨 독서 모임 다닌다고 했지?

네.

거기서 1년에 일곱 커플인가 나왔다던데 맞냐? 민준이도 거서 만났다며.

네.

5화
질서인가, 저주인가

6화
두 번째 피해자

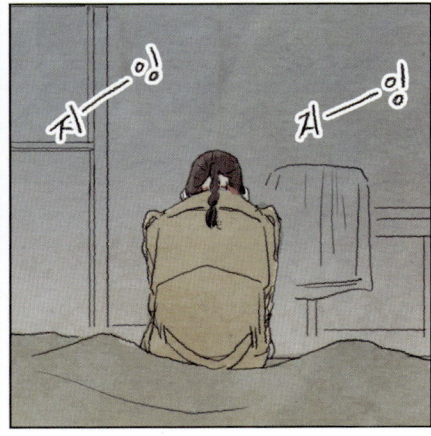

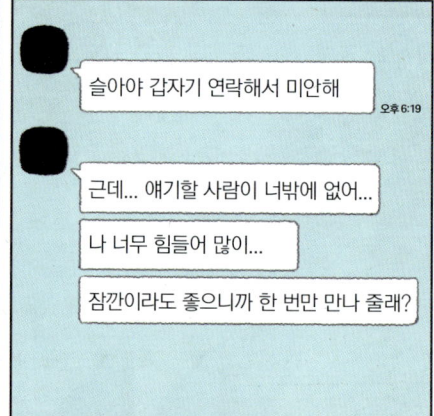

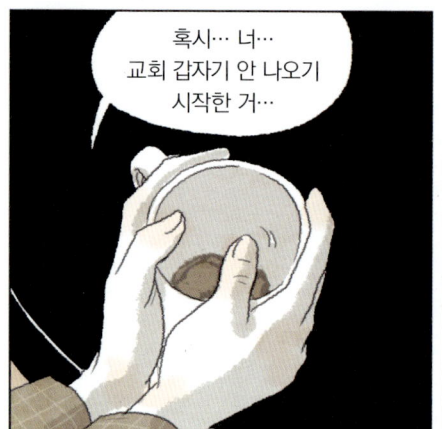

7화
돕는 배필의 진짜 의미

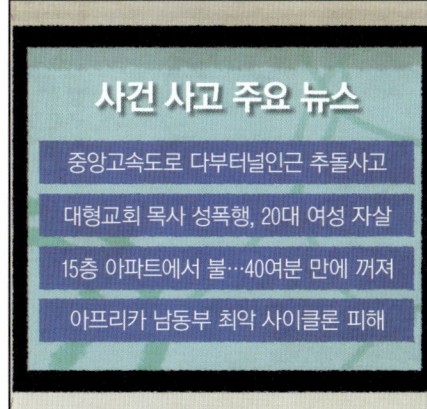

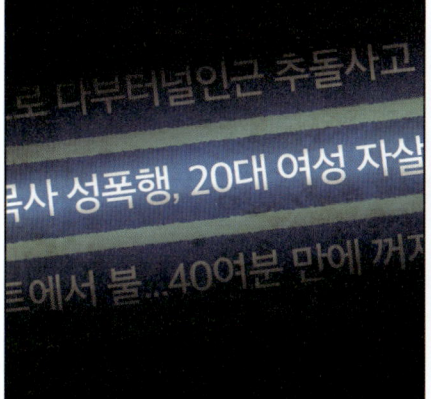

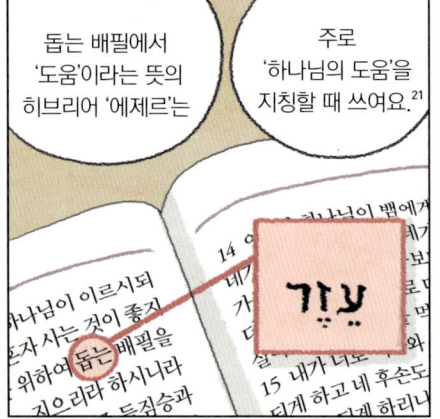

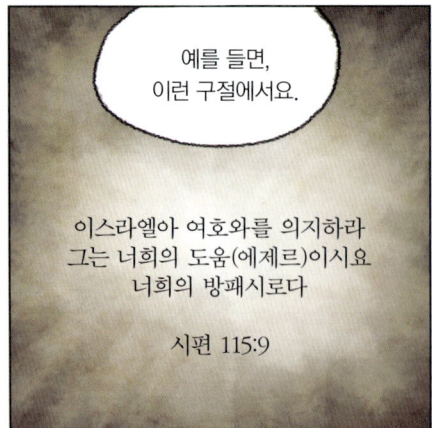

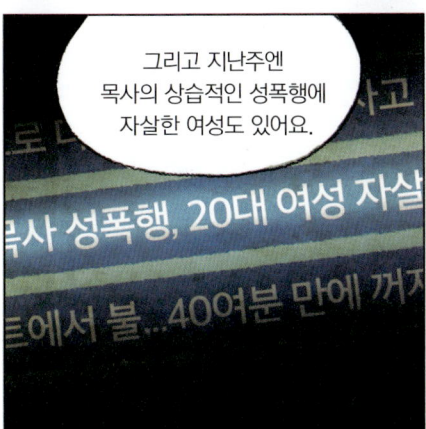

9화
남자도 여자도 없습니다

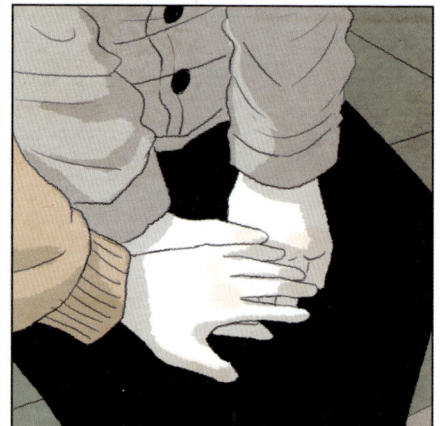

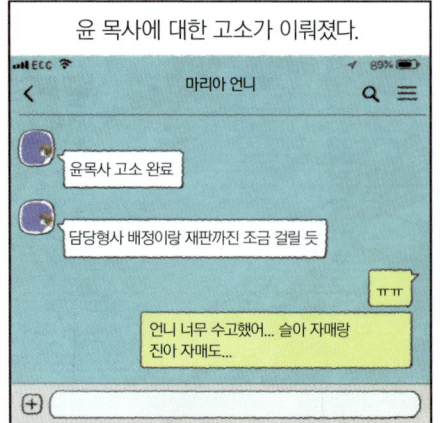

쌤 어떻게… 어떻게 알았어요? 누가 말해 줬어요? 누가…

아니, 그건
절대! 절대 말하면 안 돼요!

떼 본 적 없는 발걸음을 내딛기 시작했다.

지금 나에겐
그게 필요하다.

주

1. 참고. 최유리, "이것이 '교회 내 여성 혐오' 아무 말 대잔치다", 「뉴스앤조이」 2017.3.25.
2. 같은 기사.
3. 같은 기사.
4. 같은 기사.
5. 참고. 이은혜, "청소년 부흥사 문대식 목사, 미성년자 성추행", 「뉴스앤조이」 2017.8.17.
6. 참고. 이은혜, "유명 청소년 단체 목사의 두 얼굴", 「뉴스앤조이」 2016.8.2.
7. 참고. 최승현, "예장합동 유력 목회자, 아들 목사 '성적 비행' 비호 의혹", 「뉴스앤조이」 2018.5.28.
8. 교회 내에서 이루어지는 징계와 권고를 지칭하는 용어다.
9. '기독교대한감리회'의 재판법에는 성문제가 간략하게 언급되며, '기독교대한하나님의성회 여의도총회'와 '대한예수교장로회 통합총회'에서는 목회자 성범죄 처벌 안건이 2018년에 통과되었다. 한국 개신교는 교세가 확인되는 교단만 120개가 넘는다.
10. 에베소서 6:5; 골로새서 3:22
11. 로드니 스타크, 『기독교의 발흥』(좋은씨앗), 151면.
12. 같은 책, 180-182면.
13. 같은 책, 151면.
14. 같은 책, 182-185면.
15. 같은 책, 161-166면.
16. 크레이그 키너, 『바울과 여성』(CLC), 308-323면.
17. 같은 책, 172, 176-177면.
18. 같은 책, 225-226면.
19. 에베소서 5:21
20. 크레이그 키너, 같은 책, 236-237면.

21. 빅터 해밀턴, 『NICOT 창세기 I』(부흥과개혁사), 188-189면.

22. 같은 책.

23. 데릭 키드너, 『틴델 구약주석 시리즈 1: 창세기』(CLC), 96면.

24. 백소영, 『페미니즘과 기독교의 맥락들』(뉴스앤조이), 176-178면.

25. 사무엘상 8:7

26. 백소영, 같은 책.

27. 누가복음 10:38-42

28. 마태복음 22:30; 도날드 헤그너, 『WBC 마태복음 하』(솔로몬), 999면.

29. 갈라디아서 3:28

비혼주의자 마리아

초판 발행_ 2019년 8월 12일
초판 4쇄_ 2023년 11월 10일

지은이_ 안정혜
펴낸이_ 정모세

펴낸곳_ 한국기독학생회출판부
등록번호_ 제2001-000198호(1978.6.1)
주소_ 04031 서울시 마포구 동교로 156-10
대표 전화_ (02)337-2257 팩스_ (02)337-2258
영업 전화_ (02)338-2282 팩스_ 080-915-1515
홈페이지_ www.ivp.co.kr 이메일_ ivp@ivp.co.kr
ISBN 978-89-328-1711-8

ⓒ 안정혜 2019

책값은 뒤표지에 있습니다.
무단 전재와 복제를 금합니다.